Ernst Günter Tange

Zitatenschatz zur Politik

Politik ist, der Gegenpartei immer wieder die Schuld zu geben

Eichborn.

Wenn die Welt wüßte, mit wie wenig Verstand sie regiert wird!

George F. Kennan

Was gibt mir der Staat? Er gibt mir zu denken.

Graffito

Inhalt

Dr. Fritz Kornfeld gewidmet

2 3 4 5 6 03 02 01 00

Umschlaggestaltung: Christina Hucke
unter Verwendung einer Illustration von Philip Waechter
Vignetten: Philip Waechter
Satz: Fuldaer Verlagsagentur, Fulda
Druck: Wiener Verlag, Himberg
ISBN 3-8218-3545-1

Verlagsverzeichnis schickt gern:
Eichborn Verlag, Kaiserstr. 66, D-60329 Frankfurt am Main
http: //www.eichborn.de

Anstelle eines Vorworts:

Wozu Zitate?

Zitate sind Sprüche, von denen man findet, daß sie eigentlich von einem selber stammen könnten.

Anonym

Zitieren macht mir das größte Vergnügen, und ich bin, mit Montaigne, überzeugt, daß man nur in den Augen von Dummköpfen dadurch an Persönlichkeit einbüßt. *André Gide*

Was man auch gegen solche Sammlungen sagen kann, welche die Autoren zerstückelt mitteilen, sie bringen doch manche gute Wirkung hervor. Sind wir doch nicht immer so gefaßt und so geistreich, daß wir ein ganzes Werk nach seinem Wert in uns aufzunehmen vermöchten. Streichen wir nicht in einem Buche Stellen an, die sich unmittelbar auf uns beziehen?

Johann Wolfgang von Goethe

Gleich nach dem Schöpfer eines guten Satzes kommt der, der ihn zum ersten Mal zitiert.

Ralph Waldo Emerson

Schiller und Goethe: Mein Gott, die haben ihre ganzen Texte ja aus Zitaten zusammengeschrieben. *Daniel Kleinworth*

Zitaten-Lexikon: Mosaik des Universums, zusammengefügt aus Steinen der Weisen.

Ron Kritzfeld

Von der Mehrzahl der Werke bleiben nur die Zitate übrig. Ist es dann nicht besser, von Anfang an nur die Zitate aufzuschreiben?

Stanislaw Jerzy Lec

In meinen Zitaten lasse ich andere sagen, was ich selber nicht so gut ausdrücken könnte, sei es aus Mangel an Sprachgewandtheit, sei es aus Mangel an Scharfsinn.

Michel de Montaigne

Manche Leute braucht man nicht zu parodieren. Es genügt, daß man sie zitiert.

Robert Neumann

Wer ein Buch zusammenstellt mit hilfreicher Weisheit, erdacht von anderen Köpfen, leistet der Menschheit einen größeren Dienst als der Verfasser eines Epos der Verzweiflung.

Ella Wheeler Wilcox

Will man ein Aphorismenbuch lesen, ohne sich zu langweilen, soll man es auf gut Glück aufschlagen, es weglegen, wenn man Interessantes gefunden hat, und nachdenken.

Charles-Joseph von Ligne

Politik – was ist das eigentlich?

Politik:
die Kunst, an die Macht zu kommen.

Anonym

– der Gegenpartei die Schuld geben.

Anonym

– die Kunst, Probleme zu lösen, ohne neue, größere zu schaffen.

Anonym

– die Kunst, nach Schwierigkeiten Ausschau zu halten, sie überall zu finden, falsch zu beurteilen und ungeeignete Mittel dagegen einzusetzen.

Ernest Benn

– ein Streit der Interessen, der sich als Wettstreit der Prinzipien maskiert.

Ambrose Bierce

– ein Balanceakt zwischen denen, die hinein wollen, und denen, die nicht heraus wollen.

Jacques de Bourbon-Bossuet

– Geschichte in Aktion.

Roger Butterfield

– die Kunst, für viele möglichst wenig und für wenige möglichst viel zu tun.

Karlheinz Deschner

– darunter verstehen manche Leute die Kunst, Brände zu löschen, die sie selbst gelegt haben.

Lawrence Durrell

– die Kunst, sich zu seinen Absichten drängen zu lassen.

Sigmund Graff

– ein Versuch der Politiker, zusammen mit dem Volk mit den Problemen fertig zu werden, die das Volk ohne die Politiker niemals gehabt hätte.

Dieter Hildebrandt

– der Spielraum, den die Wirtschaft ihr läßt.

Dieter Hildebrandt

– die wichtigste Sache im Leben – für eine Zeitung.

Henrik Ibsen

– die Kunst, die Menge zu leiten: nicht, wohin sie gehen will, sondern, wohin sie gehen soll.

Joseph Joubert

– in der Demokratie die Kunst, das Volk glauben zu machen, daß es regiere.

Louis Latzarus

– die Kunst, der Masse das auszureden, was ihr andere eingeredet haben.

Jacob Lorenz

– die Kunst, sich der Leute zu bedienen.

Henry de Montherlant

– Anpassung des Wählerwillens an die Absichten der Regierung.

Helmar Nahr

– in der Demokratie eine Aufeinanderfolge von Wahlkämpfen und Ruhepausen. Die Ruhepausen heißen Legislaturperioden.

Helmar Nahr

– die Kunst, stets neue Gründe für neue Steuern zu entdecken.

Helmar Nahr

– das Bemühen, den eigenen Vorteil zum Interesse aller zu machen.

Rudolf Rolfs

– Wählern einzureden, daß politische Gläubigkeit politisches Denken sei.

Rudolf Rolfs

– das Paradies zungenfertiger Schwätzer.

George Bernard Shaw

– eine Bühne, auf der die Souffleure manchmal lauter sprechen als die Darsteller.

Ignazio Silone

– ein Kampfplatz, auf dem das Ergebnis, das man erzielt, immer weit unter dem liegt, was man erreichen möchte.

Alexis de Tocqueville

– in diesem Lande die Durchsetzung wirtschaftlicher Zwecke mit Hilfe der Gesetzgebung.

Kurt Tucholsky

– die Kunst, die Leute daran zu hindern, sich um das zu kümmern, was sie angeht.

Paul Valéry

– ein starkes, langsames Bohren von harten Brettern mit Leidenschaft und Ausdauer zugleich.

Max Weber

Außenpolitik:
spektakuläre Ablenkungsmanöver bei innenpolitischen Schwierigkeiten.

Ron Kritzfeld

Entspannungspolitik:
so zu tun, als ob man dem anderen über den Weg traut.

Peter Maiwald

Finanzpolitik:
die Auseinandersetzung zwischen jenen Leuten, die eine Mark haben und zwei ausgeben wollen, und jenen anderen, die wissen, daß das nicht geht.

Manfred Rommel

Machtfragen

Macht:
eine Mahlzeit, die wachsenden Appetit verursacht.

Charles Maurice de Talleyrand

Wer von der Macht gekostet hat, dem schmeckt nichts anderes.

Türkisches Sprichwort

Das Geheimnis jeder Macht besteht darin: zu wissen, daß andere noch feiger sind als wir.

Ludwig Börne

Alle Macht geht vom Volk aus! Aber wo geht sie hin?

Bertolt Brecht

Die Macht sieht sehr verschieden aus, je nachdem, ob man sie hat oder nicht.

James Callaghan

Wenn wir Macht besitzen, nennen wir sie Einfluß, wenn sie aber ein anderer besitzt, belassen wir es bei dem häßlichen Wort Macht.

Arthur F. Corcy

Die Wahrheit ist, daß allen Menschen, die Macht haben, mißtraut werden muß.

James Madison

Dort, wo die Macht ist, muß man die Frauen wie Stecknadeln im Heuhaufen suchen.

Annemarie Renger

Macht allein genügt nicht – man muß sie auch haben.

Erwin Steinhauer

Die Macht nutzt nur den ab, der sie nicht hat.

Giulio Andreotti

Kein Abschied auf der Welt fällt schwerer als der Abschied von der Macht.

Charles Maurice de Talleyrand

Es ist das ewige Vorrecht des Mächtigen, den anderen warten zu lassen.

Roland Barthes

Vergleiche: Politik ist wie...

Politik ist so schmutzig, wie die Menschen sind, die Politik machen.

Björn Engholm

Politik ist wie Orthographie: Manches war lange ein Fehler, und plötzlich ist es das richtige.

Amintore Fanfani

In der Politik ist es wie beim Pferderennen. Ein guter Jockey weiß sich beim Fallen so wenig wie möglich zu verletzen.

Eduard Herrio

Politik ist wie Rollschuhlaufen: Zum Teil kommt man, wohin man will, und zum Teil, wohin einen die verdammten Dinger tragen.

Anonym

EG-Politik ist wie Schach: Man bringt schon mal ein Bauernopfer in der Hoffnung, die Partie zu gewinnen.

Willem van Daele

Politik ist wie Steilwandfahren. Man muß ständig Vollgas geben. Wer bremst, stürzt ab.

Klaus Kinkel

Wie es in der großen Politik zugeht

In der großen Politik geht es genau so zu, wie es sich der kleine Moritz vorstellt.

Karl Kraus

In der Politik geht es nicht darum, recht zu haben, sondern recht zu behalten.

Konrad Adenauer

Kein Instrument im politischen Orchester ist so schwierig zu spielen wie die zweite Geige.

Otto Galo

In der Politik ist das Nicht-Erwischt-Werden bereits der halbe Erfolg.

Hans-Peter Heinzl

Ein Nachteil der Politik liegt darin, daß manche vernünftige Maßnahme bloß deswegen unterbleibt, weil der Gegener sie vorgeschlagen hat.

Romain Gary

Es ist immer die beste Politik, die Wahrheit zu sagen, es sei denn, man ist ein ungewöhnlich guter Lügner.

Jerome K. Jerome

In der Politik ist es immer für irgend etwas zu früh oder zu spät. Die Wahl des richtigen Zeitpunkts gehört zu den großen Kunststücken.

Harold Macmillan

Der gerade Weg in der Politik ist meistens unpassierbar.

Harold Macmillan

In der Kunst und in der Politik ist gut gemeint das Gegenteil von gut.

André Malraux

Das Interesse der Frauen für Politik ist das Interesse an Männern, die sie beeinflussen.

Guy de Maupassant

Das Prinzip der Politik ist denkbar einfach: so wenig Feinde wie möglich, so viele Freunde wie möglich.

Hosni Mubarak

Bewegung in der Politik kann man auch vortäuschen, indem man schneller als sonst auf der Stelle tritt.

Roger Peyrefitte

Leute, die ihnen anvertraute Geheimnisse wirklich für sich behalten, sind in der Politik unbrauchbar.

Roger Peyrefitte

In der Politik gibt es viele, die anderen auf die Zehen treten und dabei laut um Hilfe rufen.

Pietro Quaroni

Nicht die Politik, das heißt, nicht die Sorge um das Gemeinwohl verdirbt den Charakter, sondern ein verdorbener Charakter verdirbt die Politik.

Julius Raab

Das größte Problem in der Politik ist, daß man dem letzten Querulanten eingeredet hat, er sei das Volk.

Manfred Rommel

Eierköpfe sind in der Politik nicht sehr beliebt. Sie rollen so schlecht.

Werner Schneyder

Politik ist nur dann auf kurze Sicht richtig, wenn sie auch auf lange Sicht richtig ist.

Manès Sperber

In der Politik ist nicht nur wichtig, ob jemand etwas wirklich gesagt hat: Wichtig ist auch, ob man vermutet, daß er es gesagt haben könnte.

Henry Tisot

Es gibt welche, die für die Politik leben, und solche, die von ihr leben. *Max Weber*

Und was ist ein Politiker?

Politiker:
die einzige Berufsgruppe ohne geregelte Berufsausbildung.

Anonym

– der einzige Mensch, der dich um Hilfe bittet und der dir nachher die Rechnung schickt.

Anonym

– einer, der weiß, daß er nicht alle Leute die ganze Zeit hindurch zum Narren halten kann, der aber zufrieden ist, wenn es zum Wahltag mit der Mehrheit geklappt hat.

Anonym

– ein Mensch, der – wenn er gerade nicht an sich denkt – darüber nachdenkt, was andere von ihm denken.

Anonym

– ein Mann, der die Hälfte seines Lebens damit verbringt, Gesetze zu machen, und die andere damit, seinen Freunden zu helfen, sich diesen Gesetzen zu entziehen.

Anonym

– Menschen, die erst Wellen schlagen und einem dann einreden, nur sie könnten das Schiff vor dem Untergang bewahren.

Ivern Ball

– ein Mensch, der die Fähigkeit hat, vorauszusehen, was morgen, im nächsten Monat und im nächsten Jahr geschehen wird – und hinterher zu erklären, weshalb es anders gekommen ist.

Winston Churchill

– ein Mann, der keinerlei Überzeugung hat, sie aber leidenschaftlich verteidigt.

Jean Louis Forain

– ein Mensch, mit dessen Politik du nicht übereinstimmst; wenn du es tust, dann ist er ein Staatsmann.

Henry George

– Menschen, die über manches wenig und über das meiste nichts wissen, aber über alles etwas zu sagen haben.

Ron Kritzfeld

– ein Mensch, der gestellten Fragen ausweicht und nichtgestellte beantwortet.

Robert Lembke

– ein Mann, der besonders oft der Alternative begegnet, entweder seine Ansichten oder seine Freunde zu wechseln.

Helmar Nahr

– Leute, die wollen, daß du ihnen zuhörst, wie sie nichts sagen.

Helmar Nahr

– Menschen, die alle Probleme mit anderer Leute Geld zu lösen versuchen.

Lothar Schmidt

– Menschen, die den bedeutendsten Kopf ihres Landes im Spiegel sehen.

Paul Steinberg

– Leute, die sich feiern lassen, wenn es ihnen gelingt, wenigstens einen kleinen Teil der Probleme zu lösen, die sie selbst geschaffen haben.

Horst Walter

– jemand, der auf kleine Fragen große Antworten gibt. Manche Politiker meinen sogar, die höchste politische Kunst bestehe darin, sich überhaupt keine Fragen stellen zu lassen.

Richard Wiggins

Der erfolgreichste Politiker:
derjenige, der das sagt, was alle denken, und der es am lautesten sagt.

Theodore Roosevelt

Der perfekte Politiker:
jemand, der der Presse etwas vorlügen kann und dann glaubt, was er am nächsten Tag liest.

Will Durst

Vollblutpolitiker:
Leute, deren Fingerspitzengefühl sich in die Ellenbogen zurückgezogen hat.

Albert Mathias Keuels

Politikerkunst:
im Gespräch bleiben, ohne ins Gerede zu kommen.

Paul Renner

Politiker sind zu allem fähig

Es gibt Politiker, die sind zu nichts fähig. Es gibt andre, die sind zu allem fähig.

Werner Grunert

Die Reden von Politikern haben meist vier Lesarten: was im Manuskript steht, was sie wirklich sagen, was sie am liebsten gesagt hätten und was man ihnen am nächsten Tag in den Mund legt.

Anonym

Politiker sind nicht an Weisungen gebunden – höchstens an Überweisungen.

Anonym

Politiker ist gar kein so schlechter Beruf. Wer Erfolg hat, wird reich belohnt; wer scheitert, kann immer noch ein Buch schreiben.

Anonym

Wieso fallen Politikern die besten Lösungen immer erst beim Schreiben ihrer Memoiren ein?

Anonym

Unsere Politiker sind wirklich unbestechlich: Sie nehmen nicht einmal Vernunft an.

Anonym

Wenn ein Politiker sagt, wir säßen alle im gleichen Boot, dann heißt das: Er will den Kapitän spielen, und wir sollen rudern.

»Nebelspalter«

Politiker sind Hoffnungsträger: Sie tragen unsere Hoffnungen zu Grabe.

Silvio Blatter

Politiker können nicht zuhören, es sei denn, man spricht über sie.

Marlon Brando

Eine mittelmäßige Intelligenz ist gut für einen Politiker. Wenn man zu intelligent ist, wird man nicht geliebt.

Nello Celio

Zu einem guten Politiker gehören die Haut eines Nilpferdes, das Gedächtnis eines Elefanten, die Geduld eines Bibers, das Herz eines Löwen, der Magen des Vogels Strauß und der Humor einer Krähe. Diese Eigenschaften sind allerdings noch nichts wert ohne die Sturheit eines Maulesels.

Winston Churchill

Die Überzeugung, daß er es draußen im Lande mit Millionen von Idioten zu tun hat, gehört zur psychischen Grundausstattung des Politikers.

Hans Magnus Enzensberger

Es ist immer eine peinliche Überraschung, wenn ein Politiker feststellen muß, daß er seine Zukunft bereits hinter sich hat.

Carlo Franchi

Politiker arbeiten alle nach der gleichen Methode. Zuerst sagen sie voraus, wie alles kommen wird, und nachher erklären sie, warum alles anders kam. *André François-Poncet*

Ein Politiker muß stets etwas übertreiben, sonst hört niemand auf ihn.

Hugh Todd Gaitskell

Senkrechtstarter in der Politik sind Kandidaten für eine Bruchlandung.

Otto Galo

Was manche Politiker nicht im Kopf haben, haben sie im Kehlkopf.

Peter Handke

Wenn Lügen kurze Beine hätten, wären die meisten Politiker Liliputaner. *André Heller*

Politiker beherrschen die Kunst, so viele Worte zu machen, daß sie hinterher die Wahl haben, zu welchem sie stehen wollen.

Dieter Hildebrandt

Es sind meistens die angriffslustigen Politiker, die selber wie rohe Eier behandelt werden möchten.

Jean Lecanuet

Jeder Politiker kennt einen Journalisten, auf dessen Indiskretion er sich verlassen kann.

Robert Lembke

Es gibt Politiker, die ihren Gegner, wenn sie ihn schon nicht widerlegen können, wenigstens diffamieren.

Robert Lembke

Rhetorik ist deshalb ein Problem, weil es so schwierig ist, gleichzeitig zu reden und zu denken. Politiker entscheiden sich meistens für eines von beiden.

Mark Twain

Einen Politiker, der immer die Wahrheit sagt, gibt es nicht, sonst wäre er nicht Politiker geworden.

Mark Twain

Das richtige Gedächtnis für einen Politiker ist eines, das ihm sagt, woran er sich zu erinnern und was er zu vergessen hat.

John Morley

Ein Politiker mit Sachverstand ist eine Doppelbegabung.

Helmar Nahr

Ein Politiker teilt die Menschheit in zwei Klassen ein: Werkzeuge und Feinde.

Friedrich Nietzsche

Unsere Politiker: Amateure mit Profigehältern.

Zarko Petan

Der kluge Politiker beachtet eher den Unwillen als den Willen des Volkes.

Zarko Petan

Die Schwierigkeit der Politiker besteht darin, daß sie zuviel reden, zuwenig zuhören und kaum zum Denken kommen.

Heinz Riesenhuber

Manchen Politikern geht es nicht um die Wahrheit, sondern um die Mehrheit.

Manfred Rommel

Der moderne Politiker sucht eher den Applaus als den Erfolg.

Manfred Rommel

Wenn wir das unterlassen, was falsch ist, dann haben wir schon eine ganz gute Politik gemacht.

Manfred Rommel

Nichts zu verstehen hat einen Politiker noch nie davon abgehalten, etwas zu sagen.

Manfred Rommel

Politiker sind häufiger damit beschäftigt, mögliche Nachfolger auszuschalten, als sie heranzuziehen.

Anthony Sampson

Politiker – Wenn sie auch nichts zu sagen haben, so haben sie doch immer etwas, wovor sie warnen können.

Aurel Schmidt

Politiker und Journalisten teilen das traurige Schicksal, daß sie oft heute schon über Dinge reden, die sie erst morgen ganz verstehen.

Helmut Schmidt

Die größte Kunst des Politikers besteht darin, seine Anhänger zufriedenzustellen, ohne ihnen zu geben, was sie wollen.

Lothar Schmidt

Für einen Politiker ist es gefährlich, die Wahrheit zu sagen. Die Leute könnten sich daran gewöhnen.

George Bernard Shaw

Er weiß nichts und glaubt, alles zu wissen. Das zeigt klar auf, daß er sich für eine politische Karriere eignet.

George Bernard Shaw

Manche Politiker sind ganz besonders moralisch – sie haben sogar eine doppelte Moral.

Alberto Sordi

Kein Politiker ist denkbar ohne gutes Gedächtnis für Dinge, die er vergessen muß.

Alberto Sordi

Es gibt Politiker, die meinen, von nichts etwas verstehen zu müssen, weil man nur so unbefangen über alles mögliche reden könne.

Lothar Späth

Wenn man die Redlichkeit eines Politikers allzu laut betont, zweifelt man an seinen Fähigkeiten.

Charles Maurice de Talleyrand

Wenn ein Politiker uneingeschränkte Ehrlichkeit verspricht, ist er entweder dumm, naiv oder besonders durchtrieben, denn jeder Praktiker weiß, daß eine Politik absoluter Ehrlichkeit undurchführbar ist.

Charles Maurice de Talleyrand

Politiker besitzen die Fähigkeit, mit viel mehr Worten nichts zu sagen als andere Leute.

Wolfram Weidner

Politiker werden leider nach ihrer Standhaftigkeit beurteilt. Deshalb beharren sie auf ihren Irrtümern.

Oscar Wilde

Rücktritte sind aus der Mode gekommen

Rücktritt:
ehrenvoller Entschluß, der aus der Mode gekommen ist.

Michael Schiff

Politiker:
Leute, die anderen beim Rücktritt den Vortritt lassen.

Carl Merz

Danken fällt Politikern schwer, besonders das Abdanken.

Ron Kritzfeld

Jeder, der seinen Rücktritt ankündigt, kann gleich aufhören.

Johannes Rau

Leute, die dauernd mit ihrem Rücktritt kokettieren, haben meistens das dickste Sitzfleisch.

Barbra Streisand

Mancher ausscheidende Politiker hinterläßt eine Lücke, die ihn voll ersetzt.

Henri Tisot

Demokratie ist ...

– Regieren durch Amateure.

Maxwell Anderson

– eine Regierungsform, in der jedem die laute Frage erlaubt ist, was das Land unter einer erstklassigen Verwaltung alles leisten könnte.

Anonym

– eine Einrichtung, die es den Menschen gestattet, frei zu entscheiden, wer an allem schuld sein soll.

Anonym

– eine Regierungsform, in der die Reichen alle Rechte haben, die den Armen garantiert sind.

Anonym

– jene Staatsform, in der man sagt, was man will, und tut, was einem gesagt wird.

Gerald Barry

– die schlechteste aller Staatsformen, ausgenommen alle anderen.

Winston Churchill

– Herrschaft des Volkes, das den von Minderheiten bestimmten Mehrheitsentscheidungen gehorcht.

Rolf Haller

– die Spielregeln einhalten, auch wenn kein Schiedsrichter zusieht.

Manfred Hausmann

– ein Verfahren, das garantiert, daß wir nicht besser regiert werden, als wir es verdienen.

George Bernard Shaw

– Wahl durch die beschränkte Mehrheit anstelle der Ernennung durch die bestechliche Minderheit.

George Bernard Shaw

– die wiederholt auftauchende Vermutung, daß mehr als die Hälfte der Leute in mehr als der Hälfte der Fälle recht haben.

Elwyn Brooks White

Demokratie ist ihrem Wesen nach eine Utopie. Der Gedanke, alle Menschen seien gleich, ist ein Unsinn, über den Sokrates schon vor mehr als 2000 Jahren gespottet hat. Und doch haben wir mit dieser unhaltbaren Prämisse die einzig mögliche Alternative zur Tyrannei gefunden.

Anonym

Der größte Fehler an der Demokratie ist, daß nur immer die Oppositionspartei weiß, wie das Land regiert werden müßte.

Anonym

Die Demokratie darf nicht so weit gehen, daß in der Familie darüber abgestimmt wird, wer der Vater ist.

Willy Brandt

Wenn es morgens um sechs Uhr an meiner Tür läutet und ich kann sicher sein, daß es der Milchmann ist, dann weiß ich, daß ich in einer Demokratie lebe.

Winston Churchill

Wer in der Demokratie schläft, wacht in der Diktatur auf.

Otto Gritschneder

Eine Demokratie ohne ein paar hundert Widersprechkünstler ist undenkbar.

Jean Paul

Demokratie beruht auf drei Prinzipien: auf der Freiheit des Gewissens, auf der Freiheit der Rede und auf der Klugheit, keine der beiden in Anspruch zu nehmen.

Mark Twain

Früher hielten sich manche Könige einen Narren. Heute halten sich manche Demokratien einen König.

Werner Mitsch

Demokratie besteht nicht darin, alle vier Jahre zur Wahl zu gehen und über personelle Alternativen abzustimmen, die andere vorbereitet haben.

Peter Rath

Demokratie ist wie das Salz im Wasser: Es verteilt sich sofort überall. Deshalb ist es unmöglich, bloß ein bißchen Demokratie zu erlauben.

Ignazio Silone

Demokratie ist, wenn man den anderen ausreden läßt. Toleranz ist, wenn man dabei auch noch zuhört.

Gerhard Uhlenbruck

Mit manchen Völkern ...

... ist kein Staat zu machen.

Wolfgang Eschker

Staat:
Verwaltungseinheit; in Gang gehalten von einer unübersehbaren Zahl politischer Parasiten, die zwangsläufig aktiv, aber nur per Zufall tüchtig sind. *Ambrose Bierce*

– eine Institution, die immer mehr Geld ausgibt, als sie einnimmt. In Zeiten guter Konjunktur geschieht dies, um sie zu erhalten, in Zeiten schlechter Konjunktur geschieht dies, um sie zu erzielen.

Helmar Nahr

– eine kluge Veranstaltung zum Schutz der Individuen gegeneinander.

Friedrich Nietzsche

– unwirtschaftlich geführtes Großunternehmen.

Michael Schiff

Wenn man acht Köpfe und vier Hüte hat, schneidet man in einem despotischen Staat vier Köpfe ab, in einem demokratischen produziert man vier neue Hüte. *Gilbert Keith Chesterton*

Die wichtigste Eigenschaft eines Staates ist die Tatsache, daß man ihn verlassen kann. Wenn das nicht der Fall ist, wird der Staat zur Hölle.

Ephraim Kishon

Staaten haben weder permanente Freunde noch permanente Feinde, sondern permanente Interessen. *Viscount Palmerston*

Wir wollen nicht die Verstaatlichung des Menschen, sondern die Vermenschlichung des Staates.

Johann Heinrich Pestalozzi

Ideal wäre ein Staat, in dem jeder alle Freiheiten hätte, ausgenommen die Freiheit, in die Freiheit der anderen einzugreifen. *Bertrand Russell*

Wir brauchen keinen Staat der Funktionäre. Wir brauchen einen Staat, der funktioniert.

Richard Stücklen

Staatsempfänge:
Parties, bei denen der Gastgeber, der Steuerzahler, meist Zaungast ist. *Wolfram Weidner*

Staatsjagden:
organisierter Massenmord an Tieren zur höheren Ehre des Protokolls.

König Frederick von Dänemark

Nation:
eine Gruppe von Menschen, die eine Sprache spricht und die gleichen Zeitungen liest.

Friedrich Nietzsche

Nationalismus:
die Angst, daß die Nächstenliebe sich zu weit ausbreiten könnte.

Gräfin Dubsky

Volk:
derjenige Teil des Staates, der nicht weiß, was er will.

Georg Friedrich Hegel

Was man dem Volk dreimal sagt, hält das Volk für wahr.

Heinrich von Kleist

Da sie nur Lehrer für sechshundert Mark sich leisten können, bleiben die Völker so dumm, daß sie sich Kriege für sechzig Millarden leisten müssen.

Christian Morgenstern

Verfassung:
ein Dokument, das das Volk vor der Regierung schützt.

Ronald Reagan

Ein Staatsmann hingegen ist ...

Staatsmann:
ein Spezialist für die Lösung ernster Probleme, die es ohne Staatsmänner nicht gäbe.

Anonym

– ein Politiker, nach dem man ohne Sorge eine Schule benennen kann.

Anonym

– ein erfolgreicher Politiker, der tot ist.

Thomas B. Reed

Ein Politiker ist ein Mann, der an die nächste Wahl denkt. Ein Staatsmann hingegen ist, wer an die nächste Generation denkt.

James Fr. Clarke

Ein konservativer Staatsmann:
einer, der in bestehende Mängel verliebt ist, während der liberale sie durch neue Mängel ersetzen möchte.

Ambrose Bierce

Staatsmänner und schöne Frauen haben kein Gefühl für ihren allmählichen Verfall.

Lord Chesterfield

Zeigt ein Staatsmann Beständigkeit, wirft man ihm Starrsinn vor. Ändert er seine Meinung, bezichtigt man ihn der Wankelmütigkeit. Den schmalen Pfad zwischen Beständigkeit und Wandelbarkeit nennt man Klugheit.

Lord Chesterfield

Ein Staatsmann muß sagen können, was getan werden soll. Und er muß hinterher erklären können, warum es nicht getan worden ist.

Winston Churchill

Wenn ein Kolonialwarenhändler in seinem kleinen Laden so viele Dummheiten und Fehler machte wie die Staatsmänner und Generäle in ihren großen Ländern, wäre er in spätestens vier Wochen bankrott.

Erich Kästner

Zu Hause ist man nur Politiker, im Ausland dagegen ist man Staatsmann.

Harold Macmillan

Die Staatsmänner sind wie die Chirurgen – ihre Irrtümer sind tödlich.

François Mauriac

Ein Staatsmann schert die Schafe, ein Politiker zieht ihnen das Fell über die Ohren.

Austin O'Malley

Die Menschen scheinen nicht zu wissen, daß man für das Denken Zeit, Anstrengung und Vorbereitung braucht. Die Staatsmänner sind viel zu sehr damit beschäftigt, Reden zu halten, um zum Denken zu kommen.

Bertrand Russell

Der Mut zur Unpopularität unterscheidet den Staatsmann vom Politiker.

Gustav Stresemann

Wenn einem Staatsmann nichts mehr einfällt, fängt er an zu reisen.

Henri Tisot

Die Regierung und das Volk

Auch für Regierungen gilt der Grundsatz: Vertrauen ist schwer zu erringen, aber leicht verspielt

Lord Asquith

Es gehört zum deutschen Bedürfnis, beim Biere von der Regierung schlecht zu sprechen.

Otto von Bismarck

Gegen die Regierung mit allen Mitteln zu kämpfen ist ja ein Grundrecht und Sport eines jeden Deutschen.

Otto von Bismarck

Die Regierungen, welche die Freiheit der Rede unterdrücken, weil die Wahrheiten, die sie verbreitet, ihnen lästig sind, machen es wie die Kinder, welche die Augen zuschließen, um nicht gesehen zu werden. *Ludwig Börne*

Es wäre doch einfacher, wenn die Regierung das Volk auflöste und ein anderes wählte.

Bertolt Brecht

Eine gute Regierung ist wie eine geregelte Verdauung; solange sie funktioniert, merkt man von ihr kaum etwas.

Erskine Caldwell

Die Regierung ist eine Maschine: für die Unzufriedenen eine »Besteuerungsmaschine«, für die Zufriedenen eine »Maschine zur Sicherung des Eigentums«. *Thomas Carlyle*

Eine Regierung soll ihre Sünden gleich am Anfang begehen, dann bleibt ihr genug Zeit für die Reue. *Georges Clemenceau*

Ich stehe hinter jeder Regierung, bei der ich nicht sitzen muß, wenn ich nicht hinter ihr stehe.
Werner Finck

Eine Gesellschaft von Schafen muß mit der Zeit eine Regierung von Wölfen hervorbringen.
Bertrand de Jouvenel

Auch die dümmste Regierung sieht schließlich ein, daß sie nicht gegen das ganze Volk handeln kann. *Jacek Kuron*

Die Regierenden leisten sich fast alles – außer dem Geständnis, einen Fehler gemacht zu haben.
Walter Lippmann

In manchen Ländern sind Satiriker überflüssig – die Regierung macht sich selbst lächerlich.
Alexander Roda Roda

Eine Regierung ist so schlecht, wie die Bürger es zulassen, und so gut, wie die Bürger es erzwingen.

Pierre Salinger

Immer, wenn wir glauben, es könne uns nicht mehr schlechter gehen, kommt die Regierung und erreicht's.

George Bernard Shaw

Eine Regierung, die Peter etwas nimmt, um es Paul zu geben, kann immer auf Pauls Gefolgschaft rechnen.

George Bernard Sahw

Die meisten Regierungen würden besser arbeiten, wenn sie nicht auch noch Wahlen gewinnen müßten.

Evelyn Waugh

Regieren:
die Kunst, Probleme zu schaffen, mit deren Lösung man das Volk in Atem hält.

Ezra Pound

Gut regieren:
achtgeben, daß nicht zuviel regiert wird.

Anonym

Schade, daß alle Leute, die das Land zu regieren verstünden, schon ausgelastet sind oder Taxis chauffieren oder Haare schneiden.

George Burns

Obwohl Frauen im allgemeinen gütiger und sanftmütiger sind als Männer, können regierende Frauen alle Rekorde an Härte schlagen, sobald sie einmal der Teufel gepackt hat.

Morarji Desai

Es ist beruhigend, festzustellen, daß die, die uns regieren, eigentlich gar kein Volk brauchen.

Dieter Hildebrandt

Kein Mensch ist gut genug, einen anderen Menschen ohne dessen Zustimmung zu regieren.

Abraham Lincoln

Die Welt vergöttert die Jugend, aber regieren läßt sie sich von den Alten.

Henry de Montherlant

Laßt das Volk glauben, daß es regiert werde, und es wird sich regieren lassen. *William Penn*

Regierungserklärungen verraten von einer Regierung genauso viel wie Hochzeitsfotos von einer Ehe. *Wolfram Weidner*

Eine **Regierungserklärung** ist wie eine Speisekarte: Niemand kann sagen, was später gestrichen wird.

Alberto Sordi

Regierungsgebäude:
die Kathedralen der Bürokraten.

Cyril Northcote Parkinson

Regierungskunst:
die Fähigkeit, die größere Hälfte der Nation zufriedenzustellen, ohne die kleinere Hälfte zu vergrämen.

Edgar Faure

Die **Regierungskunst** besteht darin, so viel Geld wie möglich einer Klasse von Bürgern zu nehmen und es einer anderen zu geben.

Voltaire

Ein **Regierungsprogramm** ist wie eine Sonnenfinsternis: Genau erkennt man es nur dann, wenn man sich nicht blenden läßt.

Alberto Sordi

Das beste **Regierungssystem** besteht darin, daß eine Partei regiert und die andere aufpaßt.

Thomas Brackett Reed

Regierungschef und Minister

Daß ein Regierungschef einem Kabinettsmitglied, daß eine Partei ihrem Delegierten, daß ein Verein seinem Vorsitzenden »das volle Vertrauen« ausspricht, geschieht in der Regel nur dann, wenn die Beziehung angeschlagen, ja mit anderen Mitteln als der öffentlichen Beschwörung nicht mehr zu retten ist.

Hartmut von Hentig

Der Minister des Äußeren
kann sich nicht äußern.
Der Minster des Innern
kann sich nicht erinnern.
Der Minister des Krieges
ist nicht der des Sieges.
Nach dem Minister der Finanzen
muß alles tanzen.

Franz Grillparzer

Es ist sehr merkwürdig, welche Veränderungen in einem Menschen vorgehen, wenn er auf einem Ministersessel sitzt.

Konrad Adenauer

Wenn man sieht, wie Minister von heute auf morgen in ein anderes, vollkommen fremdes Ressort wechseln, kommt man unwillkürlich zu dem Schluß, daß ein Minister der einzige hochbezahlte Posten ist, den Ungelernte ausüben können.

Carlo Franchi

Aufpassen muß man auf Minister, die nichts ohne Geld machen können, und auf Minister, die alles nur mit Geld machen wollen.

Indira Gandhi

Minister sind nicht mehr gefährlich. Alles, was knapp drunter ist, bestimmt die Richtlinien der Politik.

Dieter Hildebrandt

Schlimmer als ein Minister, der keine Ahnung von seinem Ressort hat, ist einer, der sich von präzisen Vorstellungen leiten läßt, aber von den falschen.

Sir John Joskyns

In modernen Staaten versteht man unter Staatsweisheit nicht, wie man sich zu verhalten hat, um Minister zu sein, sondern was man tun muß, um Minister zu werden.

Søren Kierkegaard

Ein Ministerium, das man stützt, ist eines, das stürzt.

Charles Maurice de Talleyrand

Für einen **Außenminister** ist es nicht wichtig, wo er hinfährt, sondern wo er herkommt. Weil er dann weiß, wo er nicht hin muß.

Hannes Burger

Die außenpolitische Kunst besteht nicht darin, einen anderen zu übertrumpfen, sondern zusammen mit ihm eine gemeinsame Interessenlage herzustellen.

Henry Kissinger

Die Arbeit als Außenminister wäre sehr schön, wenn es das Inland nicht gäbe.

Joseph Luns

Mit der Außenpolitik ist es wie mit den zwischenmenschlichen Beziehungen – man kommt nie zu Rande damit. Die Lösung jedes Problems zieht ein neues nach sich.

James Reston

Ein Parteivorsitzender kann schon mal plappern, beim Außenminister gibt es aber nur eine kontrollierte Geschwätzigkeit – dort ist eine Sperre eingebaut.

Walter Scheel

Finanzminister:
ein gesetzlich autorisierter Taschendieb.

Paul Ramadier

Der Staatshaushalt ist kein Autoreifen ...

... aus dem man nach Belieben Luft ablassen kann.

Valéry Giscard d'Estaing

Staatshaushalt:
ein Haushalt, in dem alle essen möchten, aber niemand Geschirr spülen will.

Werner Finck

Das Dumme an den Staatsschulden ist, daß jeder von uns dafür aufkommen muß.

Anonym

Nicht vergessen: Was der Staat gibt, muß er zuvor nehmen.

Anonym

Nie wird ein Volk anders als aus der eigenen Tasche beschenkt.

»Blick durch die Wirtschaft«, Frankfurt

Alle wollen den Gürtel enger schnallen, aber jeder fummelt am Gürtel des Nachbarn herum.

Norbert Blüm

Jeder erwartet vom Staat Sparsamkeit im Allgemeinen und Freigiebigkeit im Besonderen.

Anthony Eden

Artikel Null des Grundgesetzes lautet: Der Besitzstand der Deutschen ist unantastbar.

Bernhard Jagoda

Die Versprechen von heute sind die Steuern von morgen.

W.L. Mackenzie King

Sparen bedeutet für den Staat, daß er die Steuergelder nur mit einer Hand zum Fenster hinauswirft.

Helmar Nahr

Bei der Schafschur und bei den Steuern sollte man aufhören, sobald die Haut erreicht ist.

Austin O'Malley

Sozial ist nicht, wer das Geld anderer Leute verteilt, sondern wer dafür sorgt, daß es überhaupt etwas zu verteilen gibt.

Paul Schnitker

Geldmangel ist ein Segen. Niemand vermag zu sagen, wie viele politische Dummheiten durch Mangel an Geld schon verhindert worden sind.

Charles Maurice de Talleyrand

Parteien als Mittel zum Zweck

Eine Partei kann immer nur ein Mittel sein. Und immer gibt es nur einen einzigen Zweck: die Macht. *Jean-Paul Sartre*

Partei:
organisierte Meinung. *Benjamin Disraeli*

– eine Art von Verschwörung gegen den Rest der Nation.
Marquis of Halifax

– die Kampfgemeinschaft von Intimfeinden.
Helmar Nahr

– Zweckverband, um Menschen in Stellungen zu bringen, für die das eigene Können nicht ausgereicht hätte.
Thaddäus Troll

– die Gesamtheit jener, die sich einbilden, derselben Meinung zu sein.
Charles Tschopp

Totale Übereinstimmung mit einer Partei gibt es nicht. Es genügt, wenn man ihr in den wesentlichen Punkten zustimmt. *Egon Bahr*

Eine politische Partei hat zwei Hauptprobleme: Wie kommt man an die Macht, und was fängt man mit ihr an, wenn man sie hat?

Robert Blake

Es ist erstaunlich, wie schwungvoll politische Parteien plötzlich tanzen möchten, wenn ihnen eine neue Partei auf die Hühneraugen tritt.

Harold Cann

Meist sind es die Flügel, die den Aufschwung einer Partei verhindern.

Wolfgang Eschker

Eine politische Partei ist wie eine moderne Fußballmannschaft – das Mittelfeld macht meist weniger Sorgen als die Flügel.

Edward Heath

Eines kann man mit ziemlicher Sicherheit sagen: Je mehr in einer Partei von Solidarität geredet wird, desto weniger praktiziert man sie.

Mario Scelba

Eine **Parteiführung**, die die Menschen allzuoft auf die Straße schickt, muß damit rechnen, daß die Menschen eines Tages auch allein auf die Straße gehen werden.

Bruno Kreisky

Parteiprogramme:
Versuche, möglichst viele Wähler auf einen Nenner zu bringen.

Wolfram Weidner

Parteitage:
Kochwettbewerbe um den besten gemeinsamen Brei.

Wolfram Weidner

Die **CDU** ist das Frachtschiff, die **CSU** der Zerstörer.

Franz Josef Strauß

Eine christliche Politik gibt es sowenig wie eine christliche Schuhmacherei.

Manfred Hausmann

Freie Demokraten:
Anhalter, die oft recht mitgenommen wirken.

Wolfram Weidner

Die Zahl der Ämter und Würden für die **FDP** wird grundsätzlich nur durch die Anzahl der Parteimitglieder begrenzt.

Parteiinternes Bonmot

Niemand kann die **FDP** kaputtmachen, das können nur wir selber. Aber um das zu erreichen, müßten wir einig sein – und das schaffen wir Gott sei Dank nicht.

Hans-Dietrich Genscher

Meinetwegen sollen die **Grünen** alles grün machen. Aber zwei Dinge sollten sie weiß lassen, den Schnee und das Frühstücksei!

Anonym

Auch **Grüne** müssen durch das Nadelöhr der Realität.

Joschka Fischer

Das größte Problem der **Grünen** sind sie selbst.

Hubert Kleinert

PDS:
Partei der Sucher; suchen das gute Haar im räudigen Pelz des real existierenden Sozialismus.

Ron Kritzfeld

Den Weg vom linken Flügel der **SPD** zum rechten Flügel kann man ja zu Fuß kaum noch schaffen.

Dieter Hildebrandt

Wir **Sozis** halten es neuerdings mit dem englischen Spruch: Wer Schwierigkeiten sucht, der findet immer welche.

Helmut Schmidt

Das Niveau der Partei verliert ständig an Höhe; sie hat sich den linken Flügel gebrochen.

Bert Berkensträter

Der **Sozialismus** von Oskar Lafontaine ist eine Mischung aus Rosa Luxemburg und Radio Luxemburg.

Daniel Cohn-Bendit

Wer war der erste **Sozialist**? Kolumbus! Denn er wußte nicht, wohin die Reise geht. Als er am Ziel ankam, wußte er nicht, wo er war. Und das Reisegeld hat er sich auch noch gepumpt.

Franz Josef Strauß

Jeder Politiker denkt – an die Wahlen

Der Behauptung, daß Politiker nicht denken können, ist zu widersprechen. Jeder Politiker denkt – an die nächsten Wahlen.

Markus M. Ronner

Wahlen in einer Diktatur:
die Prozedur, bei der offen abgestimmt und geheim ausgezählt wird.

Bob Hope

Wahl:
eine Entscheidung für das vermeintlich geringere Übel.

Anonym

– die Rache des Bürgers.

Lloyd George

– eine Veranstaltung zur Überprüfung der demoskopischen Vorhersagen.

Robert Lembke

Wenn Politiker meinen, ihre Wiederwahl darauf bauen zu können, daß sie populär sind – dann sind sie verloren.

Helmut Schmidt

Mit Lachfalten im Gesicht kann man vielleicht Wahlen gewinnen, Probleme lösen kann man damit nicht. *Dean Acheson*

Nie wird so viel gelogen wie vor Wahlen, im Kriege und nach einer Jagd.

Otto von Bismarck

Komisch sind die Männer schon: Immer möchten sie, daß wir den Mund halten, aber bei Wahlen könne sie gar nicht genug Frauenstimmen bekommen.

Lilian Blair

Das Regieren in einer Demokratie wäre wesentlich einfacher, wenn man nicht immer wieder Wahlen gewinnen müßte.

Georges Clemenceau

Freundlich lächelnde Quallen haben bei Wahlen oft gute Aussichten. Weil sie politisch keine Kanten haben, ecken sie nirgends an. Das hält der Wähler dann schon für Überlegenheit.

Carlo Franchi

Wenn die Menschen aus den Ferien zurückkommen, neigen sie dazu, sogar die Regierung etwas milder zu beurteilen. Ein geschickter Regierungschef setzt Wahlen daher für den Frühherbst an.

David Frost

Ich bewundere immer Leute, die drei Stunden nach einer Wahl auf die Tabelle schauen und genau wissen, was sich die Wähler gedacht haben.

Leopold Gratz

Es ist schon ein großer Trost bei Wahlen, daß von mehreren Kandidaten immer nur einer gewählt werden kann.

Mark Twain

Die Erfahrung lehrt uns, daß bislang alle ehrlichen Politiker bei den Wahlen verloren haben.

Hanna Suchocka

Beliebtheit sollte kein Maßstab für dieWahl von Politikern sein. Wenn es auf Popularität ankäme, säßen Donald Duck und die Muppets längst im amerikanischen Senat.

Orson Welles

Wahlen sind eine gute Sache. Wenn man gewählt wird, kommt man ans Ruder. Und wenn man nicht gewählt wird, muß man nicht halten, was man versprochen hat.

Peter Whitefoot

Wähler:
Bürger, die ihre Stimmen so geschickt abgeben, daß die Zahl der Abgeordneten, die für etwas

sind, gleich groß ist wie die Zahl derjenigen, die dagegen sind, und die sich dann wundern, daß nichts geschieht. *Anonym*

– einer, der sich des geheiligten Privilegs erfreut, für den Mann stimmen zu dürfen, den ein anderer für ihn ausgewählt hat.

Ambrose Bierce

Wer auf das kurze Gedächtnis der Wähler spekuliert, hat sich noch selten verrechnet. Nichts auf der Welt ist so lang wie die Zeit bis zur nächsten Wahl.

Everett D. Burke

Die Frau hat in der Politik so wenig zu sagen, weil Frauen lieber Männer wählen als Frauen.

Guy Laffargue

Den Wählern fehlt das Bewußtsein der Verantwortlichkeit. Schließlich sind sie es, die eine unfähige Regierung ins Amt gebracht haben.

Carlo Graf Sforza

Der Politiker, der ehemals lernen mußte, wie man Königen schmeichelt, muß jetzt lernen, wie man die Phantasie der Wähler bezaubert, unterhält, bestrickt, beschwindelt, erschreckt oder sonstwie verblüfft.

George Bernard Shaw

Für den Wähler ist die Partei eine Geliebte, die man jederzeit sitzen lassen kann.

Henri Tisot

Man kann nicht so lange wählen lassen, bis einem das Ergebnis paßt.

Joschka Fischer

Das **Wahlalter** sollte man nicht zu weit herabsetzen, sonst besteht die Gefahr, daß das Schicksal der Nation von den Pubertätsproblemen der Teenager abhängt.

Harry D. Higgins

Für **Wahlentscheidungen** gibt es ein einfaches Kriterium: Man soll nur solche Kandidaten wählen, von denen man einen Gebrauchtwagen kaufen würde.

Bob Hope

Wahlkampf:
die Kunst, nur das zu versprechen, was man sowieso nicht halten muß.

Carlo Franchi

Ich dachte immer, Sachfragen seien im Wahlkampf das Wichtigste. Ich habe mich geirrt. Nach Meinung der Medien sind angebliche Liebesaffären wichtiger.

Gary Hart

Im Zeitalter des Fernsehens kann ein guter Coiffeur einen Wahlkampf entscheiden.

James Stewart

Der Baron von Münchhausen wäre ein ausgezeichneter **Wahlkampfleiter** gewesen.

Helmut Qualtinger

Das billigste Mittel, sich Aufschluß über seine Vorfahren zu verschaffen, ist eine **Wahlkandidatur**.

Anonym

Wahlversprechen:
Versprechen eines Politikers, Steuergelder in Subventionen umzuwandeln.

Rolf Haller

Wenn uns die Mächtigen ihre Zuneigung bekunden, dann ist **Wahlzeit**.

Lothar Schmidt

Stimmzettel:
ein Dolch aus Papier.

Lloyd George

Das Parlament und die Abgeordneten

Wenn Heuchelei dick machen würde, bräuchte jedes **Parlament** Flügeltüren.

Claus Jacobi

Am faulsten sind die **Parlamente**, die am stärksten besetzt sind.

Winston Churchill

Keiner im **Bundestag** weiß mehr von allem alles, dafür aber ziemlich viel von relativ wenig.

Heinrich Oberreuter

In der **Fraktion** verliert der Volksvertreter den Blick für das Allgemeine.

Otto von Bismarck

Parlamentarier:
ein Mensch, der das Glück hat, daß sich sein Auftraggeber nur alle vier Jahre um ihn kümmert.

Anonym

Wenn man früher unfähig war, wurde man Fotograf: Heute wird man **Abgeordneter**.

Guy de Maupassant

Ein richtiger **Europa-Abgeordneter** ist ein Mensch, der eine so dicke Haut hat, daß er ohne Rückgrat aufrecht stehen kann.

Gerhard Schmid

Abgeordnete:
Menschen, die vom Volk unterhalten werden.

Hugo Ernst Käufer

Wenn immer alles nach dem Wunsch der Regierung ginge, gäbe es bald keine Demokratie mehr. Abgeordnete müssen sich ihre eigene Meinung bilden können, sonst wären sie ja überflüssig.

George Cunningham

Autoverkäufer verkaufen Autos, Versicherungsvertreter Versicherungen. Und Volksvertreter?

Stanislaw Jerzy Lec

Parlamentarische Untersuchungsausschüsse:
Teppichklopfer, die gerade so stark drauflosschlagen, daß es nicht staubt. *Enrique Morales*

Koalition:
ein Schaukelstuhl mit eingebauter Sprengladung.

Anonym

– die Kunst, den Partner mit einem Kaktus zu streicheln. *Anonym*

– eine Vernunftheirat mit Flitterwochen in getrennten Schlafzimmern.

Jean Marivaux

– ein Tennisdoppel, bei dem der Partner mit einem halben Bein auf der Gegenseite steht.

Hector Velez

– das Kunststück, den rechten Schuh auf dem linken Fuß zu tragen, ohne Hühneraugen zu bekommen. *Carlo Vizzini*

– die intimste Form der politischen Gegnerschaft.

Richard Wiggins

Große Koalition:
die formierte Gesellschaft des Parlaments zur Abwehr mißlicher Wählereinflüsse.

Helmar Nahr

Koalitionen:
politische Additionen, die sich leicht in Bruchrechnungen verwandeln.

Wolfram Weidner

Koalitionsverhandlungen:
der sicherste Weg, bestehende Meinungsverschiedenheiten zu vertiefen.

Helga Metzkow

In einer **Koalition** ist es ganz natürlich, daß der Schwanz mit dem Hund zu wedeln versucht. Es kommt nur darauf an, ob der Hund sich das gefallen läßt. *Amintore Fanfani*

Eine Koalition zwischen einer großen und einer kleinen Partei funktioniert nach dem Känguruh-Prinzip: Die kleine sitzt im Beutel und ist deshalb ausgeruht für den nächsten Wahlkampf.

Carlo Franchi

In einer Koalition liegt immer die Versuchung nahe, den Eindruck zu erwecken, daß man selber den Käse produziert und daß nur die Löcher vom Partner stammen.

Hector Minguez

In einer funktionierenden Koalition spricht man dieselbe Sprache, aber verschiedene Dialekte.

Alois Mock

In einer Demokratie sollte der politische Kampf nicht zu einer Verteufelung des Gegners führen, denn niemand weiß, mit wem man vielleicht später einmal eine Koalition bilden muß.

Aldo Moro

In einer Koalition bestätigt man seine Treue durch Seitensprünge von begrenztem Radius.

Ugo Tognazzi

Manche Koalition kommt mir vor wie ein zeugungsunfähiges Ehepaar, das so tut, als plane es ein Kinderzimmer.

Mario Scelba

Im letzten Stadium einer Koalition hält nur noch der Außenputz die Mauern zusammen.

Henk Vissers

In einer Regierungskoalition ist es schwierig, wenn die größere Partei der kleineren beim Regieren auch noch ständig die Brust geben muß.

Carlo Franchi

Was ist die **Mehrheit**? Mehrheit ist der Unsinn,
Verstand ist stets bei wen'gen nur gewesen.

Friedrich von Schiller

Am gefährlichsten in den westlichen Demokratien erscheint mir eine knappe, aber rücksichtslose **Majorisierung**, also gewissermaßen eine Diktatur der 50,1 Prozent.

Josef Taus

Die **Majorität** ist stärker als alles. Stelle zehn Philosophen auf die eine Seite und elf Dummköpfe auf die andere; die Dummköpfe werden siegen.

Claude Tillier

Opposition:
in der Politik jene Partei, die die Regierung am Amoklaufen hindert, indem sie sie lähmt.

Ambrose Bierce

– eine Ziege, die ihre Pflicht bereits durch Mekkern erfüllt. Milch sollte man von ihr nicht auch noch verlangen.

Kai Jensen

– Andersdenkende, die allein deshalb alles besser können, weil keine Gefahr besteht, es beweisen zu müssen.

Ron Kritzfeld

– die Kunst, den Ast, auf dem die Regierung sitzt, nur soweit anzusägen, daß man selbst noch darauf Platz nehmen kann.

Carlo Manzoni

– jener erkenntnisfördernde Zustand, in dem eine Partei zur Einsicht kommt, daß Mißstände, die während ihrer eigenen Regierungszeit klein und unbedeutend waren, nun wirklich überhandnehmen.

Helmar Nahr

– die Kunst, etwas zu versprechen, was die Regierung nicht halten kann.

Harold Nicolson

– die Kunst, so geschickt dagegen zu sein, daß man später dafür sein kann.

Charles Maurice de Talleyrand

– die Kunst, der Regierung so das Bein zu stellen, daß der Wähler als Schiedsrichter darin kein Foul sieht. *Henri Tisot*

Wer an der Regierung ist, muß Brände sofort löschen. Die Opposition kann über die Verbesserung der Feuerwehr in Ruhe nachdenken.

Norbert Blüm

Politik ist wie Theater. Und Aufgabe der Opposition ist es, die Regierung abzuschminken, während die Vorstellung noch läuft.

Jacques Chirac

Wenn die Opposition kein Wachhund sein darf, wird sie ein Maulwurf.

Vuk Draskovic

Versprechungen einer Opposition sind wie eine Speisekarte ohne Preise. *Otto Galo*

Man sollte der Opposition stets einen Knochen zum Nagen lassen, damit sie nicht unter Beschäftigungsmangel leidet.

Joseph Joubert

Wenn die Opposition nichts taugt, dann ist das auch für die Regierung schlecht.

Otto Graf Lambsdorff

Eine Regierungspartei, die sich nach der Oppositionsrolle sehnt, kommt mir vor wie Jean-Louis Barrault, der zur Bühnenfeuerwehr möchte.

Robert Rocca

Viele Politiker, die in der Opposition geschmeidige Düsenjäger waren, werden an der Macht bedächtige Segelflieger.

Ignazio Silone

Eine aktive Minderheit ist der Wecker der Nation.

Paul Verlaine

Mehrheiten zementieren das Bestehende, Fortschritt ist nur über Minderheiten möglich.

Bertrand Russell

Wer einen ebenbürtigen **Gegner** überlebt, wird entdecken, daß ihm etwas fehlt.

Otto von Bismarck

Auch mit einer Umarmung kann man einen Gegner bewegungsunfähig machen.

Amintore Fanfani

Gegner glauben uns zu widerlegen, wenn sie ihre Meinung wiederholen und auf die unsrige nicht achten.

Johann Wolfgang von Goethe

Diäten:
der geglückte Versuch von Parlamentariern, die eigenen fetten Einkünfte durch einen Begriff zu verschleiern, der den gewöhnlichen Bürger an magere Schonkost und Hungerkur erinnert.

Ron Kritzfeld

Lobbyisten:
Leute, die andere festlegen, indem sie sie freihalten.

Wolfram Weidner

Weltpolitische Fragen

In wichtigen **weltpolitischen Fragen** hat man meistens nur die Wahl zwischen Pest und Cholera.

Dean Acheson

In der Weltpolitik gibt es genug Wölfe, die sich durch das dicke Fell der Schafe bedroht fühlen.

Lawrence Durrell

Viel Unheil in der Weltpolitik entsteht durch Leute, die Muskeln spielen lassen, ohne welche zu haben.

Malcolm Muggeridge

In der Weltpolitik spritzt mancher, der sich als Feuerwehrmann ausgibt, mit Benzin.

Bertrand Russell

Vereinte Nationen:
ein Forum, auf dem ein Zwergpinscher jederzeit einen Elefanten anpinkeln kann.

Joao Filhes

Europa ist wie eine Wohngemeinschaft: Jeder greift in die Haushaltskasse, und keiner trägt den Müll runter.

Matthias Beltz

Verbündete:
Freunde, die sich erst dann aus dem Staube machen, wenn man sie braucht.

Charles Maurice de Talleyrand

Abkommen sind wie Rosen und junge Mädchen. Sie halten, solange sie sich halten.

Charles de Gaulle

Wenn man einem Menschen trauen kann, erübrigt sich ein **Vertrag**. Wenn man ihm nicht trauen kann, ist ein Vertrag nutzlos.

Paul Getty

Die Diktatur duldet keine Widerreden

Die Diktatur duldet Reden. Aber keine Widerreden.

Werner Mitsch

Diktatur:
– ein Staat, in dem jeder tun darf, was er tun muß.

Ralph Boller

– ein Staat, in dem das Halten von Papageien mit Lebensgefahr verbunden ist.

Jack Lemmon

– ein Land, in dem man die Ergebnisse der nächsten Wahlen aus dem Panzerschrank der Regierung stehlen kann.

Henri Tisot

Immer wieder dieselbe Geschichte: Schweigen in der Diktatur und Schimpfen in der Demokratie.

Rainer Lingenthal

Wer in der Diktatur die Regierenden kritisiert, kommt ins Gefängnis. Wer in der Demokratie über die Regierenden schimpft, kommt ins Fernsehen.

Manfred Rommel

Krieg und Frieden

Eine **internationale Krise** ist wie die Liebe – solange man noch redet, passiert nichts.

Anonym

Rüstung:
ein Milliardengrab, alle paar Jahre der teuerste Schrott der Welt.

Linus Pauling

Die **Aufrüstung** funktioniert nach folgendem Prinzip: Wenn einer auf den Stuhl steigt, dann sieht er besser. Wenn aber alle auf einen Stuhl steigen, dann hätten sie ebensogut unten bleiben können.

Hans Apel

Ich weiß nicht, welche Waffen im nächsten **Krieg** zur Anwendung kommen, wohl aber, welche im übernächsten: Pfeil und Bogen.

Albert Einstein

Von deutschem Boden darf nie mehr ein Krieg ausgehen. Aber alles, was man für einen Krieg braucht.

Dieter Höss

Einen Krieg kann man ebensowenig gewinnen wie ein Erdbeben.

Jeannette Rankin

Der Krieg ist eine viel zu ernste Sache, als daß man sie den Militärs anvertrauen könnte.
Kurt Tucholsky

Der Verstand ist nicht die starke Seite der Armee.
Charles de Gaulle

Daß eine Armee nicht auffällt, ist das Beste, was man von ihr sagen kann. *Lore Lorentz*

Soldaten:
Männer, die offene Rechnungen der Politiker mit ihrem Leben bezahlen. *Ron Kritzfeld*

Der **Militärdienst** wird für modebewußte junge Männer erst dann attraktiv sein, wenn die Soldaten am Morgen vor dem geöffneten Schrank überlegen können: Und was ziehe ich heute an?
Gerardus Hoek

Früher standen sich die Menschen näher. Es bieb ihnen nichts anderes übrig, die **Schußwaffen** trugen nicht weit.
Stanislaw Jerzy Lec

So manche **Revolution** wollte ursprünglich nur einen alten Zopf abschneiden, doch mit dem Zopf beseitigte sie auch den Kopf.
Edmund Burke

Alle **Revolutionen** haben bisher nur eines bewiesen: nämlich, daß sich vieles ändern läßt, bloß nicht die Menschen. *Karl Marx*

Wer heute versucht, etwas Bewahrenswertes zu bewahren, der muß schon fast ein **Revolutionär** sein.

Erhard Eppler

Die Rache der Geschichte an jungen **Revolutionären** besteht darin, daß sie in späteren Jahren mit Frack und Orden zum Opernball gehen müssen.

Bruno Kreisky

Die **Abrüstungsvorschläge** der anderen verdienen Mißtrauen – sie könnten so hinterlistig wie die eigenen sein.

Wolfram Weidner

Abrüstung ist wie eine Party. Jeder will erst kommen, wenn alle anderen da sind.

Anonym

Frieden:
meist nur ein Waffenstillstand, in dem der Schwächere so lange auf seine Ansprüche verzichtet, bis er eine Gelegenheit findet, sie mit Waffengewalt erneut geltend zu machen.

Luc de Clapiers de Vauvenargues

Wenn es um den Frieden geht, muß man sogar mit dem Teufel reden.

Edouard Herriot

Der Friede muß gestiftet werden, er kommt nicht von selber.

Immanuel Kant

Frieden ist, wenn man woanders schießt.

Gabriel Laub

Eine friedliche und einträchtige Welt ist der geheime Alptraum der Militärs und der Advokaten.

Norman Mailer

Es muß einer den Frieden beginnen wie einer den Krieg.

Stefan Zweig

Ein Friedlicher:
einer, der sich totschießen läßt, um zu beweisen, daß der andere der Aggressor gewesen ist.

Ludwig Marcuse

Die Frage ist, wie man die Menschheit überreden kann, in ihr eigenes **Überleben** einzuwilligen.

Bertrand Russell

Die Kunst der Diplomatie

Diplomatie:
die Kunst, mit dem Fuß aufzustampfen, ohne jemandem auf die Zehen zu treten.

Anonym

– die patriotische Kunst, im Interesse des eigenen Vaterlandes zu lügen.

Ambrose Bierce

– die Fähigkeit, auf eine so taktvolle Weise nein zu sagen, daß alle Welt glaubt, man hätte ja gesagt.

Anthony Eden

– überreife Konflikte durch faule Kompromisse lösen.

Wolfgang Eschker

– die Fähigkeit, den Hund so lange zu streicheln, bis der Maulkorb fertig ist.

Fletcher Knebel

– Boxkampf mit Glacéhandschuhen, bei dem der Gong durch das Klingen der Sektgläser ersetzt wird.

Georges Pompidou

– die Kunst, mit hundert Worten zu verschweigen, was man mit einem Wort sagen könnte.

Saint-John Perse

Wir sind Diplomaten, das heißt, wenn wir sagen, was wir denken, dann haben wir uns versprochen.

Henry Morton Robinson

Diplomatische Konferenz:
eine Zusammenkunft von Vertretern verschiedener Länder, die gemeinsam versuchen, sich auf das Datum der nächsten diplomatischen Konferenz zu einigen.

Maurice Couve de Murville

Internationale Konferenzen:
Meisterleistungen moderner Kommunikationstechnik, die ein Maximum an Organisation mit einem Minimum an Information verbinden.

Helmar Nahr

Ultimatum:
in der Diplomatie eine letzte Forderung, bevor man sich auf Zugeständnisse einläßt.

Ambrose Bierce

Woran man ein freies Land erkennt

Ein **freies Land** erkennt man daran, daß niemand verpflichtet ist, zuzuhören, wenn die Machthaber reden.

Carlo Franchi

Freiheit:
das Recht, Menschen zu wählen, die die Aufgabe haben, deine Freiheit einzuschränken.

Anonym

– ein Segel – prall im Sturm der Sehnsucht, schlaff in der Windstille der Gewohnheit.

Hans Kasper

– der Zwang, sich zu entscheiden.

José Ortega y Gasset

– das einzige Ding, das man nicht haben kann, wenn man nicht gewillt ist, es anderen zu geben.

William Allen White

Freiheit ist ein stürmisches Meer. Ängstliche Naturen bevorzugen die Stille des Despotismus.

Thomas Jefferson

Ein Mensch kann sich nicht selbst frei nennen, wenn seine Freiheit auf der Unterdrückung anderer beruht.

Juan Carlos I.

Wenn Menschen um ihre Freiheit kämpfen, bekommen sie selten etwas anderes als neue Herren.

George Savile, First Marquis of Halifax

Der Ruf nach **Gedankenfreiheit** setzt das Vorhandensein von Gedanken voraus.

Georg Christoph Lichtenberg

Wenn es **Gewissensfreiheit** geben soll, ist die Voraussetzung, daß Gewissen vorhanden ist.

Miguel de Unamuno

Die **Freiheit der Meinung** setzt voraus, daß man eine hat.

Heinrich Heine

Erfahrungen

Die Lage ist niemals so schlimm, daß sie nicht noch schlimmer werden könnte.

Ralph Boller

Nicht jeder, der getan hat, was er konnte, hat auch gekonnt, was er tat.

Gerhard Uhlenbruck

Zu mancher richtigen Entscheidung kam es nur, weil der Weg zur falschen gerade nicht frei war.

Hans Krailsheimer

Die Tragik des 20. Jahrhunderts liegt darin, daß es nicht möglich war, die Theorien von Karl Marx zuerst an Mäusen auszuprobieren.

Stanislaw Lem

Man kann nicht mit Eis darüber verhandeln, ob es schmelzen will.

Golo Mann

Schade, daß die meisten sofort aufhören zu rudern, wenn sie ans Ruder gekommen sind.

Alfred Polgar

PR und Meinungsforschung

PR:
die Kunst, den Teufel mit zwei gesunden Füßen zu fotografieren.

Hans Kasper

– die Kunst, Gegenwind in Rückenwind zu verwandeln.

Ugo Tognazzi

– hartnäckiger Versuch, andere Menschen glauben zu machen, was man selbst nicht glaubt.

Thaddäus Troll

– die Kunst, anderen Menschen zu beweisen, daß sie unserer Meinung sind.

Peter Ustinov

Regierungssprecher:
ein Mann, der Haselnüsse als Kokosnüsse verkaufen kann.

Carlo Franchi

Regierungssprecher sind wie die Wasserspeier an alten Kathedralen: Man bestaunt den kunstvollen Strahl und vergißt dabei, daß es ganz gewöhnliches Wasser ist.

Cesare Pavese

Banalerweise hängt jeder Verkauf davon ab, was unten ankommt, und nicht davon, was man oben verkaufen will. Das gilt auch dann, wenn man Politik ›verkauft‹!

Philip Rosenthal

Die angenehmen Nachrichten verkündet der Herrscher selbst, für die unangenehmen schickt er seine Diener aus.

Serbisches Sprichwort

Ein Politiker sagte zum anderen: »Vielleicht ist doch was dran an dem Gerücht. Es heißt, sie wollen eine Pressekonferenz abhalten, um es zu dementieren.«

Anonym

Politiker sind unentwegt auf der Flucht vor einer schlechten und auf der Suche nach einer guten Presse.

Helmut Kohl

Nur wer nicht überzeugend politisch handeln kann, flüchtet sich gern in die Welt der PR-Berater und Werbeagenturen.

Johannes Rau

Mikrophone:
das einzige, das sich Politiker gern vorhalten lassen.

Günter Müggenburg

Kein Politiker kann auf die Dauer gut oder schlecht verkauft werden. Jeder Politiker sieht auf die Dauer so aus, wie er ist.

Helmut Schmidt

Die wahren Science-fiction-Autoren unserer Zeit sind die Verfasser regierungsamtlicher Communiqués.

Roger Peyrefitte

Dementi:
der verzweifelte Versuch, die Zahnpasta wieder in die Tube hineinzubekommen.

Lore Lorentz

– indirekte Bejahung durch direkte Verneinung.

Roger Peyrefitte

– verneinende Bestätigung einer Nachricht, die bisher ein Gerücht war.

Roger Peyrefitte

Wie wir alle immer wieder feststellen, ist die **öffentliche Diskussion** normalerweise auf eine Aufmerksamkeitsspanne von höchstens drei Wochen eingestellt.

David Schönbaum

Die **öffentliche Meinung** ist etwas, worauf sich hauptsächlich jene Politiker berufen, die keine eigene Meinung haben.

Amintore Fanfani

Eine an **demoskopischen Umfragen** orientierte Politik würde funktionieren nach dem Shakespeare-Titel ›Wie es euch gefällt‹. Aber das wäre dann keine Politik mehr.

Stewart Bentley

Politiker, die sich von **Meinungsumfragen** zu stark beeinflussen lassen, leiden an repräsentativer Querschnittslähmung.

Ralph Boller

Ärzte fühlen den Puls einzelner Menschen, **Meinungsforscher** fühlen den Puls einer ganzen Nation.

Elisabeth Noelle-Neumann

Es ist mir noch heute rätselhaft, daß man herausbringt, was sechzig Millionen denken, wenn man zweitausend Menschen befragt.

Elisabeth Noelle-Neumann

Meinungsforscher helfen Politikern herauszufinden, was sie gerade denken.

Wolfram Weidner

Gute Ratschläge

Lüge nie, auch nicht in der Politik, denn du kannst ja doch nicht behalten, was du alles gesagt hast!

Konrad Adenauer

Wer die Revolution verhindern will, muß ja sagen zu Reformen.

Egon Bahr

Wer Sehnsucht nach Harmonie hat, muß in einen Gesangsverein gehen und nicht in die Politik.

Norbert Blüm

Hütet euch vor den Politikern, die auf jede Frage eine Antwort wissen!

Norbert Blüm

Man darf die Wahrheit nicht mit der Mehrheit verwechseln.

Jean Cocteau

Das deutsche Volk verdient es, mit weniger Gerissenheit und mehr Liebe regiert zu werden.

Willy Brandt

Die Herrschenden müssen bewacht werden, nicht die Beherrschten.

Friedrich Dürrenmatt

Wahrscheinlich hat man keine Zeit. Aber man muß immer so überlegt handeln, als habe man sie doch.

Erhard Eppler

Haltet die Bösen immer voneinander getrennt! Die Sicherheit der Welt hängt davon ab.

Theodor Fontane

Man muß nur einmal mehr aufstehen, als man niedergeschlagen wird.

Wolfgang Gerhardt

Politik ist ein schwieriges Geschäft, und es soll sich niemand beklagen, der es freiwillig beginnt.

Günter Grass

Mit Politikern setzt man sich nicht zusammen. Mit Politikern setzt man sich auseinander.

Dieter Hildebrandt

Die Politik ist kein Mädchenpensionat. Wer keine schweren Stöße vertragen kann, sollte sich nicht in dieses Geschäft begeben.

Peter von Oertzen

Eines muß man sich klarmachen und an jeden Herrschenden weitergeben, der es noch nicht weiß: Du bist nur stark, solange du den Menschen nicht alles nimmst. Ein Mensch, dem du alles genommen hast, ist nicht mehr in deiner Gewalt. Er ist wieder frei.

Alexander Solschenizyn

Bei der Fischsuppe und bei der Politik sollte man nicht zuschauen, wie sie gemacht werden.

Henri Tisot

Dudelsackpfeifen fördert die Intelligenz, weil die Anstrengung eine besonders gute Durchblutung des Gehirns bewirkt. Staatsmänner sollten das Dudelsackpfeifen zu ihrem Steckenpferd machen.

Charles Whitman

Politiker über sich und andere

Konrad Adenauer
Wir leben alle unter dem gleichen Himmel, aber wir haben nicht alle den gleichen Horizont.

Mein Gott, was soll nach mir aus Deutschland werden!

Rainer Barzel
Wenn man keine hohen Ämter hat, kann man besser über sich nachdenken.

Kurt Biedenkopf
Wer mich König von Sachsen nennt, der greift den Dingen voraus.

Otto von Bismarck
Wo ich sitze, ist immer oben.

Norbert Blüm
Die Größe eines Menschen mißt sich selten an der Zahl seiner Zentimeter.

Winston Churchill
Ich glaube nur an die Statistiken, die ich selbst gefälscht habe.

Joschka Fischer
Ich muß damit leben, daß mich bei den Grünen 85 Prozent für ein Arschloch halten.

Peter Glotz
Mein PR-Berater sagt mir immer, ich muß finster gucken, weil mich die Leute sonst nicht wiedererkennen!

Vaclav Havel
Aus meiner Erfahrung kann ich nur sagen: Politik ist nicht die Kunst des Möglichen, sondern des Unmöglichen.

Helmut Kohl
Ich war nie einer von denen, die ausgesessen oder ausgeschwitzt haben. Das ist so eine Formel, die gelegentlich verbreitet wird.

Leider ist das so: Eine Frau, die Karriere machen will, muß doppelt so gut sein wie ihre männlichen Kollegen. Wir Männer benehmen uns im Beruf immer noch paschahaft. Bei der eigenen Frau sind wir nicht so mutig.

Joseph Luns
Politikerschicksal: Wenn ich sonntags einmal zu Hause bin, fragen meine Kinder: »Wer ist der blasse Mann dort, der den Braten anschneidet?«

Angela Merkel
Eigentlich bin ich selbst gespannt, wie lange ich mit meiner Zurückhaltung durchkomme.

Prinz Philip, Herzog von Edinburgh
Ich mag Politiker nicht besonders, weil ich Probleme habe mit Leuten, die so tun, als wüßten sie ganz genau, was gut für andere Menschen ist.

Johannes Rau
Erst mal lese ich am Morgen die Zeitungen, in denen ich gut wegkomme, damit ich die anderen besser verkrafte.

Wolfgang Schäuble
Ich weiß inzwischen, daß ich im Grunde jedes Amt machen kann.

Rudolf Scharping
Manche sagen, der Rudolf Scharping ist so nüchtern. Ich könnte hinzufügen, das stimmt nicht jeden Abend.

Walter Scheel
Wenn ich auch sonst für Teamwork bin, ein Duett würde ich nie singen. Das ist die gleiche Arbeit fürs halbe Geld.

Carlo Schmid
Als ich jung war, glaubte ich, ein Politiker müsse intelligent sein. Heute weiß ich, daß Intelligenz wenigstens nicht schadet.

Helmut Schmidt
Ich habe viele Interessen, das ist wahr. Ich habe aber auch schauspielerische Kenntnisse. Und manchmal habe ich mit geringen Kenntnissen doch 'ne schöne Schau abgezogen.

Gerhard Schröder
Wenn man immer nur everybody's darling sein will, dann läuft man Gefahr, auch jedermanns Armleuchter zu werden.

Gerhard Schröder ist der Richard Kimble der deutschen Politik – immer auf der Flucht vor seinen eigenen Aussagen.

Norbert Blüm

Wenn die Mehrheit es morgen erfordert, daß er sich zu Kaiser Wilhelm stilisiert, würde er sich einen wunderbaren Zwirbelbart zulegen. Und wenn es notwendig wäre, als bayerischer König Ludwig II. ins Kanzleramt zu kommen, würde er im Starnberger See schwimmen und einen Schwan küssen.

Joschka Fischer

Bei Gerhard Schröder bin ich mir sicher, daß er die Macht will. Wofür er sie dann jeweils nutzt, ist nicht so sicher.

Hans-Jochen Vogel

Horst Seehofer
Bei meinem ersten Gespräch mit Kanzler Kohl fragte er: »Was wollen Sie machen?« Ich: »Sozialpolitik.« Kohl: »Das ist gut, wir brauchen Leute, die arbeiten wollen, Staatsmänner gibt es genug.« So wurde ich Minister.

Heide Simonis
Mindestens die Hälfte eines Erfolgs ist dem Hintern zu verdanken, nicht dem Hirn. Ich kann stundenlang sitzen.

Edmund Stoiber
Ich komme unglaublich gut an.

Franz Josef Strauß
Grundsätze muß man so hoch hängen, daß man notfalls darunter durchgehen kann.

Wolfgang Thierse
Ich eigne mich relativ schlecht zum Klugscheißer.

Nach-Worte

Die größte Strafe für diejenigen, die sich nicht für Politik interessieren, ist die, daß sie sich eines Tages regieren lassen müssen von jenen, die sich für Politik interessieren.

Arnold Toynbee

Zitate zum Verschenken

ISBN 3-8218-3459-5

ISBN 3-8218-3462-5

ISBN 3-8218-3460-9

ISBN 3-8218-3461-7

ISBN 3-8218-3458-7

ISBN 3-8218-3463-3

Jeder Band: 80 Seiten · Halbleinen, gebunden · 16,80 DM

Wir schicken Ihnen gern ein Verlagsverzeichnis:

Kaiserstrasse 66 · 60329 Frankfurt
Telefon: 069/ 25 60 03-0 · Telefax: 25 60 03-30

EICHBORN.